Eu amo o NIALL
Você é fã número 1 dele?

Eu amo o NIALL
Você é fã número 1 dele?

Tradução de
Patrícia Azeredo

1ª edição

Rio de Janeiro | 2013

CIP-BRASIL. CATALOGAÇÃO NA PUBLICAÇÃO
SINDICATO NACIONAL DOS EDITORES DE LIVROS, RJ

E86   Eu amo o Niall: você é fã número 1 dele? / Jen Wainwright [et al.]; tradução Patrícia Azeredo. – 1ª. ed. – Rio de Janeiro: BestSeller, 2013.

il. (Eu amo One Direction; 4)
Tradução de: I love Niall
ISBN 978-85-7684-718-2

1. One Direction (Conjunto musical). 2. Músicos de rock – Inglaterra. I. Wainwright, Jen. II. Título. III. Série.

13-00165   CDD: 782.421640942
                                                        CDU: 784.011.26(420)

Texto revisado segundo o novo Acordo Ortográfico da Língua Portuguesa.

Título original inglês
I LOVE NIALL
Copyright © 2013 by Buster Books
Copyright da tradução © 2013 by Editora Best Seller Ltda.

Publicado primeiramente na Grã Bretanha em 2013 pela Buster Books, um selo da Michael O'Mara Books Limited.

Capa original adaptada por Gabinete de Artes
Editoração eletrônica: Abreu's System

Todos os direitos reservados. Proibida a reprodução,
no todo ou em parte, sem autorização prévia por escrito da editora,
sejam quais forem os meios empregados.

Direitos exclusivos de publicação em língua portuguesa para o Brasil
adquiridos pela
Editora Best Seller Ltda.
Rua Argentina, 171, parte, São Cristóvão
Rio de Janeiro, RJ – 20921-380
que se reserva a propriedade literária desta tradução

Impresso no Brasil

ISBN 978-85-7684-718-2

Seja um leitor preferencial Record.
Cadastre-se e receba informações sobre nossos lançamentos e nossas promoções.

Atendimento e venda direta ao leitor
mdireto@record.com.br ou (21) 2585-2002

Sumário

Sobre este livro	7	Last First Kiss	62
Escrito nas estrelas	8	A calculadora do amor	65
Role o dado	13	Muito estiloso	66
Qual é a sua música-tema?	16	Embaralhadas!	70
Forever Young	18	Verdadeiro ou falso	72
Delícias do Twitter	21	Fatos fantásticos	74
O que você prefere?	22	Ouse sonhar	77
Mico!	24	Pense rápido	81
Qual foi a pergunta?	26	Superfãs	82
Todas as direções!	28	Uma sessão de fotos incrível	84
Stole my heart	30		
Favoritos fabulosos	33	Linha do tempo	90
Encontro dos sonhos com o Niall	36	Qual é o seu estilo preferido do Niall?	96
Brincadeiras de férias	38	O desafio do 1D	98
Jogo de adivinhação	52	Manchetes!	100
Doces tuítes	56	Ordem! Ordem!	102
É com você	57	Respostas	104

Sobre este livro

O One Direction é formado por cinco das suas pessoas favoritas no mundo. Você sabe todas as músicas deles de cor, tem pôsteres deles nas paredes e se enche de orgulho sempre que eles conquistam algo novo e espetacular.

Mas existe um integrante da banda de quem você gosta mais que de todos os outros: o gatinho irlandês Niall Horan.

É hora de descobrir quanto você sabe sobre seu integrante favorito do 1D. Este livro está cheio de testes superdivertidos e de curiosidades intrigantes para você testar seu conhecimento sobre o Niall. Também temos jogos para brincar com a galera, histórias para completar, horóscopo, quebra-cabeça e muito mais, além de fotos lindas do Niall para você babar.

O que você está esperando? Mergulhe de cabeça e teste o seu status de superfã.

É fenomeNiall!

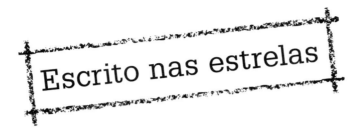

DESCUBRA O QUE O SIGNO REVELA A SEU RESPEITO E SAIBA QUAL SERIA A FUNÇÃO IDEAL PARA VOCÊ NA VIDA DO NIALL COM A AJUDA DESTE HORÓSCOPO ESPECIAL.

★ ÁRIES (21 de março a 20 de abril) ★

Você tem características de líder. É excelente para tomar decisões e não se estressa sob pressão. Às vezes, age por impulso e não gosta que lhe apontem os erros. Em relação ao Niall, você poderia ser:

Empresário
Você seria incrível para organizar a agenda cheia da maior banda do planeta e planejaria a melhor turnê do mundo para deixar os Directioners felizes da vida.

★ TOURO (21 de abril a 21 de maio) ★

Paciente e compreensivo, você é um amigo legal que nunca desiste diante de um problema. Às vezes é meio viciado em compras e adora se dar ao luxo de comer em bons restaurantes e adquirir coisas caras. Em relação ao Niall, você poderia ser:

Chef particular
Você e o Niall têm em comum o amor por boa comida; por isso, você é a pessoa perfeita para fazer petiscos deliciosos depois de um longo dia de ensaios.

GÊMEOS (22 de maio a 21 de junho)
Você gosta de farra, farra, farra! Alegre e extrovertido, com um ótimo senso de humor, você às vezes tem dificuldade para se concentrar em uma coisa de cada vez. Em relação ao Niall, você poderia ser:

Levantador de moral
Não há como o Niall ficar triste quando você estiver por perto. Sua atitude positiva e sua energia incrível vão deixá-lo feliz rapidinho.

 CÂNCER (22 de junho a 23 de julho)
Sempre com calma e inteligência, você é excelente para encontrar soluções. Adora deixar os outros confiantes, mas pode ficar de mau humor se algo não sair do seu jeito. Em relação ao Niall, você poderia ser:

Entrevistador
Com sua intuição e sua mente fria e questionadora, você certamente tem a capacidade de descobrir os maiores segredos do Niall.

 LEÃO (24 de julho a 23 de agosto)
Você é uma pessoa artística e criativa, e adora colocar a mão na massa em qualquer projeto que apareça pela frente. Às vezes, você pode ter um estilo mandão, mas é tão adorável que consegue se dar bem mesmo assim. Em relação ao Niall, você poderia ser:

Estilista
Sua visão e sua criatividade fazem de você a pessoa ideal para garantir que o Niall esteja sempre com um visual impecável.

★ VIRGEM (24 de agosto a 23 de setembro) ★
Você é um ótimo ouvinte e se preocupa muito com seus amigos. É uma pessoa de múltiplos talentos que quer deixar tudo em que se envolve o mais perfeito possível. Em relação ao Niall, você poderia ser:

Alma gêmea
O gato Sr. Horan também é virginiano. Os dois buscam a perfeição, o que torna vocês perfeitos um para o outro.

★ LIBRA (24 de setembro a 23 de outubro) ★
Você tem a capacidade de encantar qualquer um. É falante, inteligente e sempre enxerga o lado bom da vida. Em relação ao Niall, você poderia ser:

Assessor de imprensa
Caso alguém precise ser convencido da beleza, do talento e da personalidade maravilhosa do Niall, você é a pessoa ideal para o trabalho.

★ ESCORPIÃO (24 de outubro a 22 de novembro) ★
Há uma faísca em você. Com determinação e talento, você pode conquistar tudo o que quiser, não importa o quanto seja difícil. Em relação ao Niall, você poderia ser:

Personal trainer
Como você é empolgante, estimularia um instinto de competição saudável no Niall e o deixaria tinindo. Ele ia querer fazer todos os exercícios só para impressionar.

★ SAGITÁRIO (23 de novembro a 21 de dezembro) ★
Você é uma pessoa livre e gentil que odeia ter amarras. Fica feliz ao ar livre e adora ter novas experiências. Em relação ao Niall, você poderia ser:

Colega de turnê
Seu amor por viagens e seu sorriso contagiante deixariam o Niall empolgado com todos os lugares visitados pela banda, mesmo quando ele estivesse muito cansado.

★ CAPRICÓRNIO (22 de dezembro a 20 de janeiro) ★
Confiável e organizado, você é uma pessoa prática que mantém a calma durante uma crise. Em relação ao Niall, você poderia ser:

Assistente
Como assistente e conselheiro de confiança, caberia a você garantir que Niall estivesse onde fosse necessário. Seu papel exigiria passar muito tempo com ele. Que sorte, hein?

★ AQUÁRIO (21 de janeiro a 19 de fevereiro) ★
Você é independente, protege as pessoas que ama e nunca tem medo de lutar pelo que acredita. Tem um humor afiado, mas às vezes é muito teimoso. Em relação ao Niall, você poderia ser:

Guarda-costas
Você seria a pessoa perfeita para proteger seu cantor favorito quando a febre pelo 1D ficasse um pouco exagerada.

★ PEIXES (20 de fevereiro a 20 de março) ★
Às vezes você pode sofrer com a timidez diante de pessoas ou situações novas, mas é fiel às suas amizades. Tem muita imaginação e adora fantasiar. Em relação ao Niall, você poderia ser:

Parceiro de composição
Com o seu espírito criativo, você e o Niall têm muito em comum. Você seria excelente ajudando a inspirá-lo e a criar futuros sucessos.

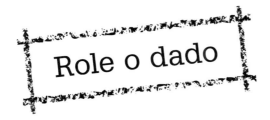

PREPARE-SE PARA DESCOBRIR QUAL SERÁ O SEU DESTINO COM O NIALL. PEGUE UM DADO E SIGA AS INSTRUÇÕES ABAIXO PARA VER O FUTURO.

1. Escreva ideias sobre onde vocês se encontrarão e o que vão fazer juntos no espaço em que está escrito "Sua escolha" para as categorias A até E.

2. Role o dado! Uma vez para cada categoria. O número que aparecer será a escolha que o dado fez para você.

3. Escreva o seu futuro com o Niall no quadro da página ao lado e espere para ver se vai acontecer.

CATEGORIAS

A. Onde você e o Niall vão se encontrar:
1. No cinema **2.** Em um jogo de futebol **3.** Na praia
4. Em um show **5.** Em frente à sua escola
6. (Sua escolha) ....
....

B. O que vocês vão fazer:
1. Preparar um piquenique delicioso **2.** Passar o dia em um parque de diversões **3.** Almoçar em um restaurante chique **4.** Competir no kart **5.** Jogar video game
6. (Sua escolha) ....
....

C. Ele vai achar que você tem de sobra:
1. Fofura **2.** Graça **3.** Inteligência **4.** Originalidade
5. Beleza **6.** (Sua escolha) ....
....

D. O que ele vai te dar de presente:
1. Uma música que compôs para você **2.** Uma camiseta autografada **3.** Um relicário com fotos de vocês dois **4.** Ingressos para o show dele **5.** Uma rosa vermelha
6. (Sua escolha) ....
....

E. Você e o Niall vão viajar para:
1. Nova York **2.** Uma ilha tropical **3.** A Austrália
4. A Irlanda **5.** Londres
6. (Sua escolha) ....
....

O seu futuro com o Niall:

Vou conhecer o Niall ....

Nós vamos ....

Ele vai achar que eu tenho muita ....

....

E ele vai me dar de presente ....

Vamos viajar para ....

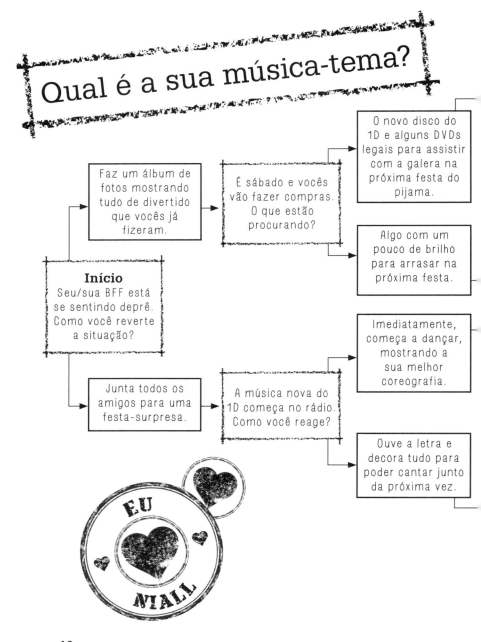

EU AMO O NIALL

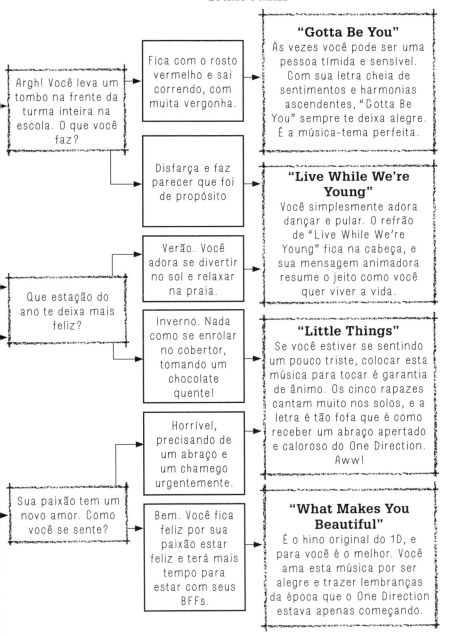

17

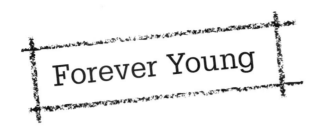

Forever Young

VOCÊ ACOMPANHA CADA PASSO DO NIALL DESDE QUE ELE ESTOUROU PARA O SUPERESTRELATO NO ONE DIRECTION, MAS QUANTO VOCÊ SABE SOBRE A VIDA DELE ANTES DA FAMA? FAÇA O TESTE E DEPOIS CONFIRA AS RESPOSTAS NA **PÁGINA 104**.

1. Onde o Niall nasceu?
   a. Dublin
   b. Mullingar
   c. Cork

2. Como a família descobriu o talento do Niall para o canto?
   a. Em uma viagem de carro
   b. Ouvindo-o cantar no chuveiro
   c. Assistindo à atuação dele em uma peça na escola

3. Qual é o nome do irmão do Niall?
   a. Graham
   b. George
   c. Greg

4. Ele aparenta ser muito tranquilo e incapaz de fazer algo errado, mas o Niall era bem bagunceiro na escola. Que travessura o levou a ser suspenso por dois dias?
   a. Arriar as calças do diretor
   b. Roubar algo de um amigo
   c. Rabiscar a parede da sala de aula

5. Qual foi o melhor presente de Natal recebido pelo Niall?
   a. Uma guitarra
   b. Um boneco do Power Rangers
   c. Um carrinho de controle remoto

6. O Niall fez o papel principal em um musical encenado em sua escola primária. Qual era o nome da peça?
   a. *Guys and Dolls*
   b. *Oliver!*
   c. *Grease - Nos tempos da brilhantina*

7. O Niall foi morar com o pai depois que ele se separou da mãe. Qual é a profissão do pai dele?
   a. Bombeiro
   b. Açougueiro
   c. Padeiro

8. Que tipo de música o Niall adorava ouvir quando era mais novo?
   a. Rap
   b. Rock
   c. Swing

9. O Niall tem muito medo de pássaros, mas de onde surgiu essa fobia?
   a. Ele foi bicado por um pardal no parque
   b. Um pássaro já ficou com as garras presas no cabelo dele
   c. Um pombo entrou voando pela janela quando ele estava no banheiro

10. Qual foi o primeiro show assistido pelo Niall?
   a. Busted
   b. Beyoncé
   c. Backstreet Boys

11. O melhor amigo do Niall juntou-se a ele e aos outros caras do 1D quando pasaram uns dias em Nova York. Qual é o nome dele?
   a. Shane Cullen
   b. Sean Crillen
   c. Sean Cullen

12. Para qual ex-participante do *X Factor* o Niall fez um show de abertura antes de participar das audições para o programa?
   a. Lucie Jones
   b. Lloyd Daniels
   c. Eoghan Quigg

CASO VOCÊ PRECISE SER LEMBRADO DE QUANTO O NIALL AMA SEUS FÃS, DIVIRTA-SE COM OS TUÍTES SINCEROS ABAIXO E SE PREPARE PARA FICAR FELIZ DA VIDA.

🐦 Uaaauuuuu! Madri! As cenas mais incríveis que já vi! Fãs espanhóis são locooooo! Muchas gracias!

🐦 Adoro o fato de vocês botarem Morning Nialler nos Trending Topics todo dia de manhã. Obrigado.

🐦 Como eu sempre digo! Melhores fãs do planeta! Sem dúvida!

🐦 Foi incrível estar no x factor ontem! Muito estranho assistir da plateia! Muuuito obrigado por tudo o que vocês fizeram por nós

🐦 Muuito obrigado por virem nos ver hoje! E acampar vários dias no frio! A dedicação dos nossos fãs é incrível.

🐦 Ok! Boa noite a todos! amo todos vocês e obrigado por tudo o que vocês fazem por nós! Nós amamos muito vocês! Muá bjs

🐦 Não acredito nas paradas itunes pelo mundo! Amo muuuuito vcs! Arrasando para a gente! Que bom que estão gostando do disco.

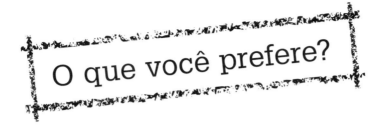

O que você prefere?

IMAGINE TER A OPORTUNIDADE DE PASSAR UM TEMPO COM O NIALL. O QUE GOSTARIA DE FAZER? LEIA AS OPÇÕES ABAIXO E ESCOLHA QUAL VOCÊ PREFERIRIA.

O que você...

Ficar de bobeira com o Niall por um dia?		Ir para a farra com ele à noite?
Pegar um autógrafo dele?		Tirar uma foto com ele?
Estar na primeira fila de um show do 1D?		Perder o show, mas conhecer a banda nos bastidores?
Acompanhar o Niall no tapete vermelho de um evento?		Ter um encontro, só vocês dois?

Aprender a fazer imitações como o Niall?		Aprender a tocar guitarra como o Niall?
Que o Niall te siga no Twitter?		Ser amigo dele no Facebook?
Fazer um dueto com o Niall?		Ouvir uma serenata dele?
Preparar um jantar para ele?		Que ele cozinhe para você?
Arrumar o cabelo do Niall?		Escolher as roupas dele?
Aprontar uma pegadinha para o Louis junto com ele?		Compor uma música com ele?
Mostrar a ele a cidade onde você nasceu?		Visitar Mullingar com ele?

AQUI ESTÁ A PROVA DE QUE ATÉ SUPERASTROS INTERNACIONAIS TÊM MOMENTOS CONSTRANGEDORES. LEIA AS HISTÓRIAS A SEGUIR QUE DEIXARAM O NIALL VERMELHO E DECIDA SE SÃO MICOS DE VERDADE OU FRACASSOS FALSOS. DEPOIS CONFIRA SUAS RESPOSTAS NA **PÁGINA 104**.

1. O Niall ficou muito vermelho quando o colega de banda Louis abaixou as calças dele em um posto de gasolina na frente de um monte de gente! Embora tenha sido vergonhoso, o Niall disse que poderia ter sido pior: pelo menos ele estava usando uma cueca legal da Calvin Klein!

☐ Mico de verdade   ☐ Fracasso falso

2. Hoje em dia não lhe faltam admiradores, mas o primeiro beijo do Niall não foi um sucesso. Segundo ele, foi tão ruim que ele apagou da memória!

☐ Mico de verdade   ☐ Fracasso falso

3. Quando o Niall estava em turnê pelos EUA, teve um pesadelo tão terrível que não comeu frango nas três semanas seguintes. Ele gritou tão alto que acordou os colegas de banda. Um funcionário do hotel até bateu na porta para ver se estava tudo bem. O Niall não ousou atender com medo de que fosse a imensa galinha malvada do sonho!

☐ Mico de verdade ☐ Fracasso falso

4. O senso fashion do Niall nem sempre foi tão bom quanto é hoje. Aos 11 anos, ele tinha um V raspado na parte de trás da cabeça. Embora tenha ficado feliz com o visual na época, ele agora se lembra daquilo e acha "nojento".

☐ Mico de verdade ☐ Fracasso falso

5. O Niall gosta de colocar espuma de barbear no rosto durante o banho para ver como ficaria com uma barba grande e espessa. Uma vez ele esqueceu que estava com a espuma e foi fazer compras parecendo o Papai Noel!

☐ Mico de verdade ☐ Fracasso falso

6. O Niall teve um problema desastroso no campo de golfe quando sua calça rasgou! Ele se abaixou para amarrar os sapatos no primeiro buraco, ouviu um som horrível de tecido se rasgando e sentiu um vento súbito na bunda. Ooops!

☐ Mico de verdade ☐ Fracasso falso

7. Quando estão em turnê, os garotos fazem shows em várias cidades em pouquíssimo tempo, o que pode gerar certa confusão. Certa vez o Niall gritou empolgado: "Londres, faça barulho!" para a multidão. O único problema é que eles estavam em Berlim!

☐ Mico de verdade ☐ Fracasso falso

É HORA DE VIRAR A ENTREVISTA PELO AVESSO. ASSOCIE AS RESPOSTAS DADAS PELO NIALL EM ENTREVISTAS ÀS PERGUNTAS A QUE ELAS SE REFEREM. MAS TENHA CUIDADO: HÁ MAIS PERGUNTAS DO QUE RESPOSTAS; PORTANTO, PENSE BEM ANTES DE RESPONDER. DEPOIS, CONFIRA SE ACERTOU NA **PÁGINA 104**.

Respostas do Niall

1. "Eu desistiria, porque logo ficaria com muita fome."

2. "Sim. Mas o Louis, não. O Louis é o único que não gosta."

3. "Homer Simpson."

4. "Eu construiria um grande galpão, como se fosse uma imensa garagem."

5. "Queremos ver mais deles."

6. "Ainda não consegui fazer isso. Estou muito ocupado agora. Talvez quando terminarmos o disco, de repente perto do Natal."

7. "A noite do meu aniversário."

Perguntas:

A. Quando foi a última vez que você passou a noite acordado?

B. Por que você ainda não me pediu em casamento?

C. Qual seria a sua estratégia para sobreviver aos *Jogos Vorazes*?

D. Qual foi a noite mais típica de celebridade que você já teve?

E. Quando você acha que vai tirar sua carteira de motorista?

F. Você gosta de açúcar no chá?

G. Se você fosse um personagem de desenho animado, quem você seria?

H. O que você acha de fãs do sexo masculino?

I. Que personagem de ficção seria o seu melhor amigo?

J. Você gosta de sair para a farra nos dias de folga?

K. Se eu te desse um elefante, onde você o esconderia?

Anote suas respostas aqui:

1. .... 3. .... 5. ....
2. .... 4. .... 6. ....
                                  7. ....

EU AMO O NIALL

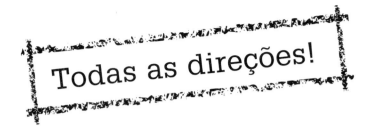

Todas as direções!

VOCÊ CONSEGUE ENCONTRAR AS PALAVRAS LISTADAS A SEGUIR NO QUADRO DA PÁGINA AO LADO? TODAS ESTÃO LIGADAS AO NIALL E AO MUNDO DELE. ELAS PODEM ESTAR ESCONDIDAS DA ESQUERDA PARA A DIREITA, DA DIREITA PARA A ESQUERDA, DE CIMA PARA BAIXO, DE BAIXO PARA CIMA OU NA DIAGONAL. AS RESPOSTAS ESTÃO NA **PÁGINA 105**.

NIALL
HARRY
LIAM
LOUIS
ZAYN

UP ALL NIGHT
NANDOS
MULLINGAR
SIMON COWELL
TAKE ME HOME

EU AMO O NIALL

L	L	E	W	O	C	N	O	M	I	S	L	B	W	T
L	P	A	Y	B	A	Z	S	T	I	A	L	O	U	K
A	Q	U	E	Z	Y	N	W	L	G	O	A	O	M	R
I	S	R	A	G	N	I	L	L	U	M	A	N	I	E
N	Y	A	Z	L	M	M	O	I	J	T	H	W	A	I
H	T	C	K	O	S	T	S	O	P	A	R	N	R	N
J	J	R	A	O	E	H	E	E	N	K	P	A	K	E
O	L	Y	D	I	A	G	R	R	Y	E	M	U	O	L
E	D	N	B	D	D	I	F	R	O	M	A	S	T	H
L	A	R	H	I	Q	N	I	K	W	E	L	I	A	M
N	H	H	T	A	K	L	U	P	A	H	Y	R	O	O
Y	G	A	R	O	G	L	P	E	E	O	G	T	B	E
N	O	R	U	S	H	A	T	H	E	M	H	S	I	M
O	X	R	W	A	B	P	T	U	P	E	T	L	L	O
Z	A	Y	B	M	O	U	L	E	X	T	A	L	E	O

29

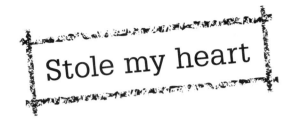

O NIALL É CONHECIDO COMO "O FOFO" DA BANDA, E COM RAZÃO. AS HISTÓRIAS A SEGUIR CERTAMENTE VÃO DERRETER O SEU CORAÇÃO. USE O FOFÔMETRO PARA AVALIAR CADA UMA DELAS PINTANDO OS CORAÇÕEZINHOS DE ACORDO COM O NÍVEL DE FOFURA.

FOFÔMETRO

♥♡♡♡♡ Awww!

♥♥♡♡♡ Que gracinha!

♥♥♥♡♡ Superfofo!

♥♥♥♥♡ Overdose de fofura!

♥♥♥♥♥ Não aguento tanta fofura!

O Niall gravou uma mensagem especial para uma fã que estava fazendo 16 anos. Melena Butera, que tem síndrome de Down, fez um filme para a banda com a irmã mais velha, explicando quanto adorava o One Direction. O Niall ficou emocionado com o filme e mandou uma mensagem para Melena, dizendo que ela era "absolutamente incrível", mandando abraços de todos os garotos e jogando um beijo para ela no final.

O Niall tem os pés no chão e sempre ajuda as pessoas menos afortunadas que ele. Em vez de passar o aniversário de 19 anos abrindo presentes, comendo chocolates, sendo mimado e soprando velinhas, o Niall escolheu ser o anfitrião de não apenas um, mas de dois eventos incríveis para arrecadar dinheiro em prol da luta contra o autismo e de organizações de caridade que trabalham com abrigos temporários para situações de emergência.

Parte da arrecadação se deu em uma maravilhosa partida de golfe em Westmeath que atraiu muita atenção tanto de fãs quanto amantes de esportes. Houve uma procura tão grande por ingressos para o evento que o site de vendas ficou fora do ar!

Toda a banda sempre faz questão de realizar trabalhos beneficentes. Em outubro de 2012, por exemplo, o One Direction deu um tempo na agenda cheia para visitar crianças gravemente doentes em Londres. A organização de caridade chamada Rays of Sunshine ajuda a realizar desejos dos jovens. Os garotos brincaram, responderam a perguntas, deram autógrafos, posaram para fotos e fizeram algumas tarefas, entre elas "buscar biscoitos". O Niall falou por todo o grupo quando disse: "Encontrar crianças assim nos torna muito humildes. E é muito bom poder fazer algo legal por elas. Nós tivemos uma sorte incrível, e muitas dessas crianças não tiveram, mas elas estão sempre felizes, e nós vamos embora nos sentindo ótimos. É como se estivéssemos devolvendo algo a eles."

O Niall já confessou ser viciado em Twitter. Os tuítes dele são doces e às vezes superengraçados, mas recentemente ele usou o microblog para mostrar seu lado carinhoso e protetor ao expressar preocupação com a segurança dos fãs de Nova York. Ele escreveu: "Pessoal vcs têm que tomar cuidado! Eu imploro! Não corram atrás de carros e tal! Estamos falando de manhattan, e as ruas são lotadas"... "Não quero que ninguém se machuque! Por favor, tomem cuidado!"

O Niall e os outros garotos ajudaram a arrecadar 50 mil libras para a Flying Start (organização de caridade que é uma parceria da British Airways com o Comic Relief) e foram aos céus no voo especialmente batizado de BA1D. O avião estava lotado de fãs dedicados que puderam passar um tempo com a banda.

VOCÊ NÃO TEM DÚVIDA DE QUE O NIALL É O SEU INTEGRANTE FAVORITO DO ONE DIRECTION, MAS VOCÊ CONHECE AS PREFERÊNCIAS DELE? FAÇA ESTE TESTE PARA DESCOBRIR E DEPOIS CONFIRA SUAS RESPOSTAS NA **PÁGINA 106**.

1. Qual destes incríveis cantores é o favorito do Niall?
   a. Elton John
   b. Michael Bublé
   c. Michael Jackson

2. Niall é doido por esportes e fanático por futebol, mas por qual time ele torce?
   a. Newcastle United
   b. Liverpool
   c. Derby County

3. Se o Niall pudesse ser um personagem de filme, quem ele seria?
   a. O Sebastian de *A pequena sereia*
   b. O Danny Zuko de *Grease - Nos tempos da brilhantina*
   c. O Edward Cullen de *Crepúsculo*

4. O Niall e os outros garotos têm muito orgulho das músicas que compuseram, mas qual é a favorita dele?
   a. "One Thing"
   b. "Gotta Be You"
   c. "C'mon, C'mon"

5. Não é segredo que o Niall adora comer no Nando's, mas qual a medida de tempero picante que ele prefere no frango?
   a. Médio
   b. Extraforte
   c. Suave

6. Qual é o animal favorito do Niall?
   a. Leão
   b. Pombo
   c. Girafa

7. Você sabe que o Niall não é monocromático, mas qual é a cor favorita dele?
   a. Vermelho
   b. Verde
   c. Preto

8. Uma das partes mais legais de estar no One Direction são os lugares incríveis que os garotos visitam. Qual o país predileto do Niall?
   a. Nova Zelândia
   b. Suécia
   c. Itália

9. O Niall tem um gosto musical bem variado, que vai do swing ao rock clássico, mas qual é a música que ele mais gosta no mundo?
   a. "Viva La Vida", do Coldplay
   b. "Don't Stop Me Now", do Queen
   c. "One Time", do Justin Bieber

10. Todos os integrantes do One Direction trabalham muito, e os momentos de lazer são preciosos para eles. O que o Niall mais gosta de fazer quando está de folga?
   a. Esportes
   b. Ficar de bobeira na frente da TV
   c. Fazer uma megafesta com os amigos

11. Para você, ele é o astro mais fofo que existe, mas por qual destas celebridades o Niall tem uma quedinha?
   a. Rihanna
   b. Keira Knightley
   c. Demi Lovato

12. O Niall gosta de ficar cheiroso o tempo todo. Qual é a loção pós-barba favorita dele?
   a. CK One, da Calvin Klein
   b. Mania, da Giorgio Armani
   c. Boss Orange, da Hugo Boss

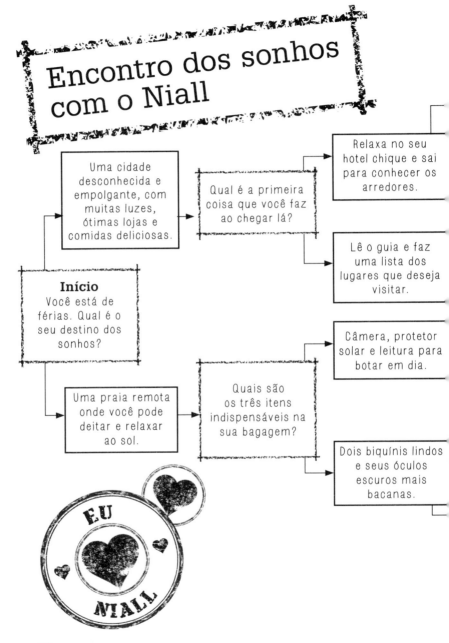

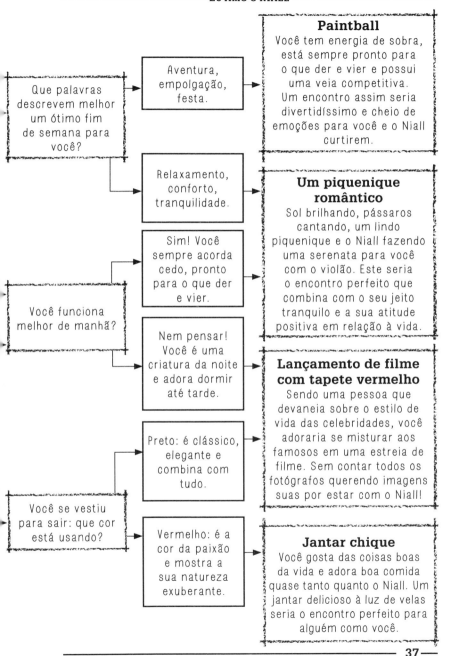

Brincadeiras de férias

O QUE PODERIA SER MELHOR QUE PASSAR FÉRIAS DE VERÃO SUPERDIVERTIDAS EM UM LUGAR EXÓTICO? FÉRIAS COM O NIALL, É CLARO! ESTA É A SUA OPORTUNIDADE DE TER UM PAPEL CRUCIAL NESTA HISTÓRIA DE VERANEIO. O QUE VAI ACONTECER A SEGUIR? VOCÊ DECIDE!

Ao sair pela porta do avião e descer a escadinha que vai até a pista de pouso, você sente uma onda de calor. "Ah, o verão!", você pensa com um sorriso. Depois de ralar tanto na escola, agora é hora de se divertir horrores férias.

Está levando uma eternidade para as suas malas aparecerem, e há uma multidão ao lado da esteira de bagagens.
Mesmo que a curiosidade seja grande para ver o que está acontecendo, você quer mais é pegar suas coisas e sair dali para curtir as férias! Finalmente você pega o seu mochilão azul-escuro da esteira enquanto a multidão passa ao seu lado. Vários seguranças parrudos estão no local e, ao ver uma mecha de cabelo louro no meio da multidão, você se pergunta se é algum famoso, depois dá de ombros e verifica melhor a sua bagagem.

Espere aí... Tem algo errado. A sua mochila tem um cadeadinho roxo no zíper e esta não tem. E também não tem aquele adesivo de trevo que estava grudado lá quando você a despachou no aeroporto. Ao olhar o nome na etiqueta você quase tem um treco. OMG, a mochila é do Niall Horan! E se você está com ela, então ele deve estar com a sua!

> **Se você decidir:**
> **1.** Correr atrás do Niall e dos seguranças, leia a parte **A** a seguir.
> **2.** Vasculhar a mala do Niall para descobrir onde ele está hospedado, leia a parte **B** na **página 46**.

A. Você vê duas garotas segurando placas de "Eu ♥ Niall", e elas indicam o caminho seguido pelo superastro.

— Você precisa correr, ele estava indo para o carro e ninguém sabe onde está hospedado. Estamos tentando descobrir na internet, mas a informação é confidencial — diz uma delas.

— Valeu! — você agradece e corre, meio sem fôlego, na direção da fila de carros. O Niall está em pé ao lado de uma limusine preta falando com um dos seguranças. Você tem que respirar fundo: não dá para acreditar que o Niall Horan está na sua frente! Na vida real! Ele está usando uma camiseta branca e jeans, com óculos escuros lindos, e é tão fofo quanto nos pôsteres da sua parede.

Você dá dois passos na direção do carro e levanta a mala, gritando e dando o seu melhor sorriso:

— Niall! Houve um mal-entendido!

Antes que você possa dizer mais uma palavra, uma mão imensa agarra o seu ombro. É o segurança do Niall, que, sem dúvida, é o maior cara que você já viu.

— O Niall precisa ir agora — diz ele, com um olhar duro. — É hora de seguir o seu caminho.

— Não, você não está entendendo. Eu não sou fã... Bom, quer dizer, eu sou fã, claro que sou, é só... — Você percebe que está gaguejando e diminui o ritmo: — Eu peguei a mochila do Niall e tenho certeza de que ele está com a minha, olha!

Você levanta a mochila para o segurança gigante. Ele cruza os braços sobre o peito enorme, dizendo:

— Prove.

> **Se você decidir:**
> **1.** Dizer ao Niall para abrir a mochila que está com ele e tirar o seu querido coelho de pelúcia, leia a parte **A1** na **página 41**.
> **2.** Tentar passar pelo segurança para trocar as mochilas com o Niall, leia a parte **A2** na **página 42**.

A1: Quando você chama o Niall de novo, ele olha na sua direção e você sente as pernas ficarem bambas quando seus olhares se encontram.

— O que foi? — pergunta ele.

— Abra a mala, por favor, e tire a primeira coisa que encontrar.

O Niall olha desconfiado para o segurança, que ainda está apertando um de seus ombros com força. O grandalhão concorda, e o Niall abre a mochila. Ele parece surpreso por um segundo, depois cai na gargalhada.

— Mas o que é isso, afinal? — ele diz, tirando um imenso coelho de pelúcia fofinho com orelhas molengas.

— Esta é a Flopsy, que está muito feliz em conhecê-lo — você responde com um sorrisão, olhando de modo atrevido para o segurança, que fica com o rosto vermelho e larga o seu ombro. O Niall dá a volta no carro correndo e vem cumprimentar você.

— Nunca passaria pela minha cabeça sequestrar a Flopsy — ele diz, devolvendo a sua mochila com um brilho travesso nos belos olhos azuis.

— Sei que é meio bobo, mas eu a tenho desde que nasci, e ela vai comigo a todos os lugares.

— Não é bobo, é fofo — diz o Niall. — Você salvou a minha vida. A camiseta que vou usar no palco hoje está nessa mochila. Minha estilista ia me matar! — Ele ri e te dá um abraço. — Como posso agradecer? Tenho algumas horas livres esta tarde antes do show. Por que a gente não faz alguma coisa? Podíamos ir à praia, ou, se você quiser, eu procuro saber o que os outros caras estão fazendo...

> **Se você decidir:**
> 1. Ir à praia com o Niall, leia a parte **A1a** na **página 43**.
> 2. Passar um tempo com a banda, leia a parte **A1b** na **página 44**.

A2. Você abaixa a cabeça e tenta passar correndo pelo segurança. Até consegue, mas ele pega a mochila, e de repente vocês estão em um cabo de guerra. O plano não era esse! Subitamente, você ouve um ruído horrível de algo rasgando, e o mochilão se abre no fundo.

Ah, não! Você fica com um pedaço de mochila na mão. Os objetos pessoais do Niall estão espalhados pelo chão, e o rosto do segurança é de meter medo. Rapidamente, você se abaixa e tenta catar o máximo de pertences do Niall que consegue. Seu rosto está vermelho de vergonha, e você gostaria que o chão se abrisse e te engolisse completamente.

Alguém pigarreia, e você tem certeza de que vai levar uma bronca daquelas. Ao levantar a cabeça, já com o nervosismo tomando conta, você olha diretamente nos olhos do Niall. Ele não parece furioso. Na verdade, está se esforçando para não rir.

— Nunca gostei muito dessa mochila, mesmo — ele diz, com uma risadinha. — Você me deu uma desculpa para comprar uma nova, então, obrigado!

Você sorri, sentindo grande alívio.

— Sério mesmo, eu te devo uma. Os outros caras iam me zoar muito se eu chegasse ao hotel com as coisas de outra pessoa! Acho que você merece uma recompensa. Como a minha bagagem está espalhada pelo chão, por que você não escolhe algo para guardar de lembrança?

Se você decidir:
1. Pegar o boné de beisebol do Niall, leia a parte **A2a** na **página 45**.
2. Pegar o endereço do hotel onde o Niall vai ficar, leia a parte **A2b** na **página 45**.

A1a: Você tira os sapatos na praia e sente a areia queimar seus pés. Você e o Niall dobram as calças jeans e andam na beira da água, batendo papo e rindo.

O Niall tem um senso de humor incrível, parece que você o conhece há tempos e não quer que o dia termine. Após uma acirrada disputa de construção de castelos de areia, que ambos acreditam ter vencido, o Niall olha o relógio.

— Ih, caramba! Preciso ir, se não vou me atrasar para a passagem de som!

Ele se inclina na sua direção e lhe dá um beijo no rosto antes de correr pela areia. Segundos depois o Niall volta:

— Você tem que assistir. O show está esgotado hoje, mas venha para a passagem de som, e apresento você aos outros caras.

Ele oferece a mão e, juntos, vocês andam pela praia. É só o primeiro dia e estas já são as melhores férias de todos os tempos!

FIM

A1b: O Niall faz algumas ligações no celular, depois diz para você entrar no carro.

— Os caras já estão no hotel. Parece que tem um fliperama sensacional lá.

Você olha pela janela e vê a paisagem passar rapidamente. É a primeira vez que anda em um carro com janelas escuras e se sente uma verdadeira celebridade. Ao chegar ao hotel, os outros quatro integrantes do 1D estão lá para cumprimentar você com abraços apertados e grandes sorrisos.

O Niall segura a sua mão, e o seu coração acelera quando vocês seguem para o fliperama do hotel. São zilhões de máquinas incríveis para jogar, e você até consegue derrotar os garotos em algumas. Elogios e brincadeiras rolam o tempo todo, e você tem a melhor tarde da sua vida!

FIM

A2a: O Niall pega o boné verde na própria mochila e põe cuidadosamente na sua cabeça.

— Ficou bem em você — ele diz, com um sorrisão —, mas está faltando alguma coisa...

Tirando o boné da sua cabeça, ele puxa uma caneta do bolso e escreve uma mensagem na aba.

— Agora, sim. Está perfeito — diz ele. A mensagem é: "Oiê, divirta-se muito nas suas férias! Beijos, Niall."

Você ri e dá um abração nele.

— Valeu, adorei!

— Você pode usá-lo hoje à noite. Vou conseguir lugares na primeira fila para o nosso show, assim vou poder ver você no meio do público.

Quando o show começa naquela noite, a multidão vai à loucura quando o Niall dedica a música seguinte a uma pessoa que ele chama de mais nova amiga e destruidora de mochilas. Você nunca sorriu tanto na vida!

FIM

A2b: Quando lê o endereço do hotel do Niall, você o ouve rindo.

— Alguns fãs são muito audaciosos, sem dúvida — diz o segurança, com olhar sério.

— Não vou ficar com isso, prometo — você diz, rapidamente. — Só queria saber onde você vai ficar hospedado. É pertinho do meu hotel, e pensei que de repente a gente podia sair e tal. Passar mais tempo com você seria a melhor lembrança de todas!

O rosto do segurança até adquire uma expressão mais suave, e o Niall passa o braço em volta dos seus ombros, sussurrando:

— Bom, acho que estamos planejando comer uma pizza e relaxar antes do show de hoje. Que tal você se juntar a nós?

Depois de assentir, você dá um abraço nele. Está se sentindo tão feliz que sobra abraço até para o segurança! Férias da escola e uma tarde de pizza com o One Direction — perfeito!

FIM

B: Você abre o zíper da mochila e fuça lá dentro. Tem um boné de beisebol verde, algumas camisetas, um pacote de batatas fritas e — bingo! — uma pasta de documentos aparentemente importantes.

Você olha as informações na primeira folha e se dá conta de que o Niall e o restante da banda estão hospedados no mesmo hotel que você! Não há tempo a perder, você chama um táxi e vai para o hotel o mais rápido possível.

Quando explica à recepcionista que você está com a bolsa do Niall Horan e que gostaria de ir ao quarto dele para devolvê-la, ela apenas ri.

— Boa tentativa, mas o número do quarto é confidencial.

Suspirando, você decide ficar com a mochila caso veja o Niall, e sai para explorar o hotel. Para onde você vai primeiro?

> **Se você decidir:**
> 1. Ir à piscina, leia a parte **B1** a seguir.
> 2. Verificar o restaurante, leia a parte **B2** na **página 48**.

B1: A piscina é imensa, e a água parece maravilhosamente gelada e refrescante. Em uma das bordas há escorregas sinuosos superdivertidos. Você quer muito dar um mergulho, mas sua roupa de banho está na mochila que o Niall pegou. Você pega uma cadeira, coloca os óculos escuros, põe a mochila em uma mesa próxima e relaxa sob o sol morno.

De repente, há uma comoção, e cinco garotos em trajes de banho entram correndo na área da piscina e mergulham, dando mortais e gritos. Eles fazem a maior farra na água e não há dúvida de quem são. Você está olhando para os cinco integrantes do One Direction. Essas férias vão ser incríveis se continuarem assim! O Niall está na parte funda da piscina, treinando seus mergulhos. Como você vai chamar a atenção dele?

> **Se você decidir:**
> 1. Berrar o nome dele o mais alto possível, leia a parte **B1a** na **página 49**.
> 2. Mergulhar na piscina de roupa e tudo, leia a parte **B1b** na **página 50**.

B2: Está quase na hora do almoço, e sua barriga começa a roncar. O restaurante é pintado com cores fortes e há grandes vasos de flores nas mesas. Tudo no cardápio parece delicioso, e você pega uma mesa e se prepara para devorar um belo prato.

Enquanto bebe seu suco de frutas, você nota uma mesa no canto. Parece que mais alguém está almoçando sozinho, e, seja lá quem for, tem um cabelo louro bem familiar... Você dá uma olhada pelo lado de um vaso de flores, só para ter certeza. Sim, é o Niall, prestes a atacar um imenso prato de frango. Você sabe o quanto ele adora comer e não sabe se vai gostar de ser interrompido. O que fazer?

> **Se você decidir:**
> 1. Apelar para a ousadia e perguntar se pode almoçar com ele, leia a parte **B2a** na **página 50**.
> 2. Pedir para o garçom mandar um sundae de chocolate para a mesa do Niall e dizer que foi presente seu, leia a parte **B2b** na **página 51**.

B1a: Tapando a boca com as mãos, você solta um grito que acaba parecendo um canto tirolês. E também saiu muito, muito alto!

O Niall faz uma pausa na beira da piscina e olha para você, curioso. Você faz um gesto para ele se aproximar, e após uns dois segundos ele assente.

Você levanta a mochila e pergunta:

— Conhece isto aqui?

O Niall fica adoravelmente confuso:

— Espere... Onde você arrumou isso?

— No aeroporto. Você pegou a minha por engano. Não notou?

— Ainda nem olhei. A gente entrou nos quartos e veio direto para cá, porque o Liam estava doido para cair na água. Isso ia me fazer pagar o maior mico depois! Muito obrigado por me devolver.

Ele olha para o relógio.

— Temos um tempo livre antes da preparação para o show de hoje. Por que você não fica com a gente até lá? Vou pegar a sua mochila.

Logo você recupera suas coisas e se prepara para a melhor festa na piscina da sua vida.

FIM

B1b: Só quando está no meio do pulo é que você percebe o grande erro que cometeu! Você mergulha jogando água para todos os lados e, quando volta à tona, com o cabelo pingando, todos os cinco garotos do One Direction estão olhando para você boquiabertos. Você bem queria chamar a atenção deles, mas nunca pensou que seria desse jeito!

Lentamente, o Louis começa a bater palmas, e os outros garotos o acompanham. Você agradece os aplausos da melhor maneira possível quando se está com a roupa encharcada dentro da piscina e nada na direção do Niall.

Depois de explicar a confusão no aeroporto, você aponta para a mochila dele na mesa ao lado da piscina.

Niall dá um tapa na própria testa.

— Ufa, você realmente me salvou, e acho que merece uma recompensa, especialmente depois de fazer uma entrada como essa! Gostaria de ir ao nosso show de hoje à noite?

O sorriso que você dá é tão grande que parece saltar do seu rosto. Que começo de férias perfeito!

FIM

B2a: Seu coração está quase saindo pela boca quando você se aproxima da mesa do Niall, mas um sorriso aparece no rosto dele quando você pede para acompanhá-lo no almoço.

— Claro! Eu detesto comer sozinho, mesmo — ele responde, fazendo um gesto para você se sentar.

A hora seguinte passa voando. O Niall faz você rir tanto que sai suco pelo seu nariz, e você até o convence a dividir as batatas fritas. Vitória! Ao final do almoço, parece que vocês dois se conhecem há tempos. Ao destrocar as mochilas, o Niall lhe dá um abração e promete passar um tempo com você amanhã. Essas férias estão ficando cada vez melhores!

FIM

B2b: Quando um sundae gigante aparece na mesa do Niall, o grito de alegria dele ecoa pelo restaurante, e ele olha ao redor até encontrar você, que acena timidamente. Ele pega o sundae e vai para a sua mesa, sujando-se de calda de chocolate no caminho.

— Eu estava sonhando com um sorvete assim há um tempão! Muito obrigado! — ele agradece, feliz da vida.

— Que tal a sua bagagem para acompanhar? — você diz, sorrindo e segurando a mochila dele.

O Niall parece tão feliz e aliviado que por um segundo você acha que ele vai te beijar. Seu coração começa a bater loucamente quando ele olha no fundo dos seus olhos. Mas depois ele chama o garçom e pede outra colher. Dividir um sorvete com o garoto dos seus sonhos? Está aí uma tarde maravilhosa!

FIM

Jogo de adivinhação

LEIA AS FRASES DO NIALL A SEGUIR E VEJA SE CONSEGUE DESCOBRIR DE QUEM OU DO QUE ELE ESTÁ FALANDO. DAMOS UMAS DICAS PARA AJUDAR, E SEMPRE DÁ PARA CONSULTAR AS RESPOSTAS NA **PÁGINA 106** CASO VOCÊ NÃO CONSIGA RESOLVER OS ENIGMAS.

1. "Ele tem um metabolismo que lhe permite escolher o peso que quiser. Como um boxeador!"

Dica: Você não ia querer ver esse gatinho de cabelos cacheados em um ringue de boxe.

Quem é? ....

2. "Comecei a fazer aulas, mas aí a gente saiu em turnê."

Dica: O Niall não precisa de mais cavalos de potência até onde nos consta.

O que é? ....

3. "É a única coisa de que eu gosto no meu corpo."

Dica: Você faria questão de garantir ao Niall que ele é lindo em um piscar de olhos.

O que é? ....

4. "Ele tem uma 'gravata' sinistra... Nosso gerente de turnê sempre precisa avisar para ele maneirar, porque pode acabar machucando alguém!"

Dica: E você achando que ele era o mais sensato...

Quem é? ....

5. "Nós somos muito amigos dela. Não a víamos há um tempo, mas nós a encontramos no Radio 1 Teen Awards recentemente. Ela foi ao nosso camarim e conversamos um tempo. Tenho saudades dela. Adoro o fato de ela estar linda no clipe novo, mas não sou a fim dela."

Dica: Essa garota não é uma pirralha e ela tem muito *swagger*.

Quem é? ....

6. "Eu o vi literalmente no último segundo e dei um tapa para afastá-lo, senão ia quebrar minha clavícula!"

Dica: Quando o Niall estiver se apresentando no palco, esta pode não ser a melhor forma de fazer ele te ligar!

O que é? ....

7. "Fui o primeiro a entrar no palco, e ela me deu um beijo. Eu não lavei o rosto por uma semana."

Dica: Será que o Niall viveu um "Teenage Dream"?

Quem é? ....

8. "Isso é o que me irrita neste país. Acaba comigo. Eu sou irlandês!"

Dica: O Niall fica com muita sede quando está em turnê nos EUA.

O que é? ....

9. "O Zayn gosta, mas acho que têm cheiro de queijo muito estragado."

Dica: Este alimento grego pode não ser a melhor coisa para se colocar na pizza do Niall.

O que é? ....

10. "Sinto saudade dele, sim, ele é um cara legal."

Dica: Esse irlandês pode ajudar a decidir se você tem o Fator "X".

Quem é? ....

11. "Na verdade, a gente estava trabalhando muito, então foi meio chato."

Dica: Os garotos do 1D trabalham muito, mesmo no dia mais romântico do ano.

O que é? ....

QUÃO FOFO O NIALL CONSEGUE SER EM APENAS 140 CARACTERES? LEIA ALGUNS DOS TUÍTES SUPERDOCES DO @NIALLOFFICIAL PARA DESCOBRIR.

🐦 Saí para jantar! Comida italiana é fora de série! Ridiculamente boa!

🐦 Bolsas de gelo! Andei demais hoje! O joelho está reclamando comigo! #deixaeledescansar

🐦 A última coisa que a gente precisava hoje era de chuva! Péssimo! Chuva chuva vai embora.

🐦 Também agradeço muito a todos pelas mensagens e pelos presentes e cartões de aniversário. Gostei muito, é meu último ano como adolescente! Nãããão!

🐦 Aquele vento ontem foi uma loucura! Fiquei resfriado! Cobertor elétrico vai ficar ligado hoje à noite!

🐦 Nossa! Não acredito! Vocês nos colocaram no topo das paradas dos EUA com #TakeMeHome essa semana!

🐦 Euzinho e @zaynmalik vamos voltar aos dias de macarrão instantâneo e salgadinho de queijo! adoro.

🐦 Fui ver meu amigo @justinbieber hoje à noite! Arrasou! Ótimo trabalho, cara! Te vejo em breve

É HORA DE SER CRIATIVO. USE AS PRÓXIMAS PÁGINAS PARA ESCREVER O SEU DEVANEIO MÁXIMO SOBRE O NIALL. SE VOCÊ TEVE A SORTE DE ASSISTIR A UM SHOW DO 1D NA VIDA REAL, PODE CONTAR COMO FOI OU PODE DEIXAR A IMAGINAÇÃO FLUIR E CRIAR O SEU DIA PERFEITO. SE FICAR NA DÚVIDA, VEJA O QUADRO ABAIXO.

Precisa de ajuda para começar?
Tente responder às seguintes perguntas:

- ☐ Como o seu dia começaria?
- ☐ Desde quando você é fã do 1D?
- ☐ Do que você mais gosta no Niall?
- ☐ Quais são as suas músicas favoritas?
- ☐ Para onde você o levaria?
- ☐ O que ele estaria vestindo?
- ☐ O que vocês comeriam?
- ☐ O que você diria para ele?
- ☐ O que gostaria de perguntar ao Niall?
- ☐ O que você gostaria que ele lhe perguntasse?
- ☐ Como o seu dia terminaria?

EU AMO O NIALL

EU AMO O NIALL

EU AMO O NIALL

EU AMO O NIALL

Last First Kiss

É HORA DE DESCOBRIR O LADO ROMÂNTICO DO NIALL. ESTAS FRASES E HISTÓRIAS SOBRE O GATINHO IRLANDÊS CERTAMENTE VÃO DEIXAR SEU CORAÇÃO A MIL POR HORA.

Uma vez o Niall contratou um barco por 15 libras e remou em um lago com a namorada da época enquanto fazia uma serenata para ela com sua voz incrível! Possivelmente, o ato mais romântico do mundo! Algumas das músicas favoritas dele para impressionar são do Justin Bieber e do Jason Mraz.

O Niall adora garotas inteligentes!

"Odeio quando as garotas se fazem de burras porque acham bonitinho. A inteligência é sexy."

O Niall acha que estar solteiro não é necessariamente algo ruim. Ele explica:

"Estar solteiro não significa que você é fraco, significa que é forte o bastante para esperar pelo que merece."

O Niall adora os seus momentos de folga, mas faz questão de desmentir os boatos sobre ser preguiçoso e mostra que o romance ainda é importante na sua vida.

"Todo esse papo nos jornais sobre eu ter dito que prefiro dormir a encontrar uma garota é ridículo. Eu só estava explicando que gosto de relaxar nos meus momentos de folga... Não estou procurando, mas se a garota certa aparecer, definitivamente topo."

A ex-namorada do Niall, Holly, contou tudo sobre o lado mais tranquilo dele:

"Ele era adorável: engraçado, atrevido e gentil", disse ela. "E também muito carinhoso, nós sempre nos chamávamos de 'amor', e ele sempre terminava as mensagens de texto com um beijo."

O Niall não se preocupa em botar banca de durão e é sincero quanto à conexão que espera ter com uma garota.

"Sou um cara sensível, então nem preciso temer que a garota tente me fazer abrir o coração."

Ele é um fofo, disso não há dúvidas, mas, para o Niall, os fãs e o apoio dado por eles representam a verdadeira beleza. Ele disse:

"As fãs sempre me dizem que sou lindo, mas ninguém vai ser tão lindo quanto elas."

Niall adora fazer parte do One Direction, mas acha que algumas pressões da vida na estrada tornam difícil ter um relacionamento.

"Viajar pelo mundo e todas essas ações promocionais que fazemos não deixa tempo para uma namorada. Não mesmo."

Niall está doido para conhecer a pessoa certa. Ele diz que a garota ideal teria olhos verdes, seria bonita, divertida e calma, e não usaria muita maquiagem.

Não só o Niall é um astro do pop muito bem-sucedido como também sabe cozinhar, limpar e lavar as próprias roupas! De acordo com o pai, Bobby Horan, Niall tem um lado tranquilo e carinhoso: "A mãe o ensinou a cozinhar... Ele sabe fazer cupcakes." Ele acrescenta que o filho vai ser "um marido maravilhoso para alguém". É para desmaiar ou não?

No palco do MTV Video Music Awards, o Niall ganhou um beijo da superestrela Katy Perry, que o deixou apaixonadíssimo.

"Não acho que possa haver algo mais incrível do que beijá-la... Só se eu me casasse com ela!"

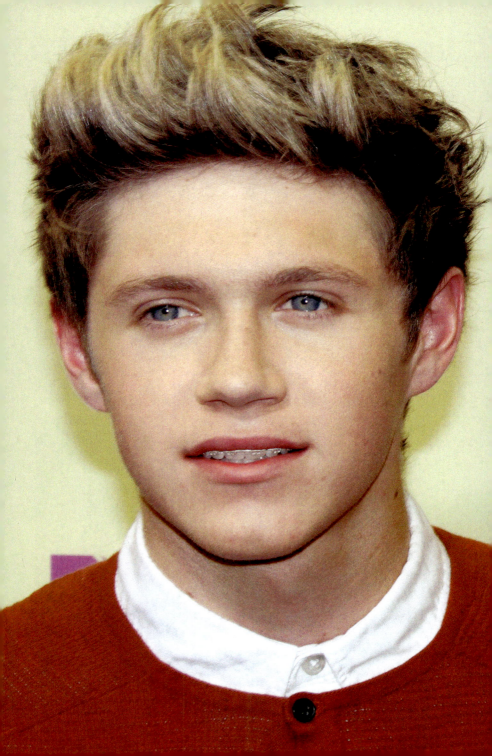

Jogo dos erros

Você consegue encontrar oito diferenças entre a foto de cima e a de baixo? Verifique as respostas no final do livro.

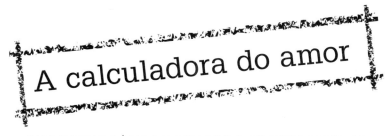

A calculadora do amor

UMA FORMA RÁPIDA E DIVERTIDA DE DESCOBRIR SE VOCÊ E O NIALL SÃO PERFEITOS UM PARA O OUTRO.

Escreva o seu nome e o dele com a palavra LOVES (ama, em inglês) no meio. Depois anote quantas vezes as letras L, O, V, E e S aparecem no seu nome e no dele, mas não conte as letras da palavra LOVES que está no meio! Some os pares de números: o primeiro com o segundo, o segundo com o terceiro e daí em diante até chegar a uma "porcentagem" final, que indica a probabilidade de você ser a pessoa dos sonhos do Niall.

Veja um exemplo:

Hannah Cohen Niall Horan

São dois Ls, dois Os, nenhum V, um E e nenhum S.

Anote assim: 22010

Some cada par de números até restarem apenas dois:

2 2 0 1 0
4 2 1 1
6 3 2
95%

EU AMO O NIALL

O NIALL PODE SER CONHECIDO PELO VISUAL CASUAL E DESPREOCUPADO, MAS É SUPERESTILOSO MESMO ASSIM. AVALIE O ESTILO DELE EM SEUS VISUAIS FAVORITOS NAS PRÓXIMAS PÁGINAS USANDO O ESTILÔMETRO ABAIXO.

ESTILÔMETRO

★☆☆☆☆ Não é dos melhores

★★☆☆☆ Bem bacana

★★★☆☆ Está gato

★★★★☆ Amei esse visual

★★★★★ Estiloso demais!

A primeira vez a gente nunca esquece
Na primeira vez que ele subiu ao palco na frente dos jurados do *X Factor*, o Niall arrasou com um visual clássico contemporâneo. Ele usava uma camiseta azul estilo navy, com uma camisa xadrez em vermelho, branco e azul abotoada até em cima. Ele combinou tudo isso com calça jeans larga e tênis de camurça também no estilo navy. O que você acha do estilo do Niall? É digno de um astro ou um visual de novato?

O que o torna lindo
As gravações para o clipe do primeiro sucesso da banda aconteceram em uma praia nos EUA. Niall mostrou seu amor pelo "casual chic" usando uma camiseta cinza-escura com um casaco de capuz cinza-claro e calça bege. Você acha esse visual adequado para se divertir ao sol?

Polos perfeitas
A camisa polo simples é marca registrada do Niall Horan. Ele parece ter uma de cada cor do arco-íris! Você prefere o vermelho exuberante, o cinza clássico ou o turquesa que realça os olhos dele? Decisão difícil!

Estilo em preto e branco

Para a apresentação de "Little Things" feita pelos garotos na versão norte-americana do *X Factor* Niall estava chique e elegante. Com o cabelo louro penteado para cima, Niall usou calça e camiseta pretas, combinando com um blazer larguinho preto com detalhes brancos, dando um ar moderno e estiloso.

Arrasando no tapete vermelho

Vários integrantes do 1D dizem que aquela noite do MTV Video Music Awards de 2012 foi o ponto alto da carreira deles até agora. Os garotos conquistaram três prêmios e estavam muito bem-vestidos quando foram à cerimônia de entrega dos astronautas. O Niall ousou ser diferente e evitou o tradicional visual "camisa e gravata". Ele usou calça social preta com um suéter abotoado cor de ferrugem. O que você achou da ousadia fashion do Niall? Foi a opção certa para o tapete vermelho?

Um sucesso real

É raro ver o Niall de smoking, mas, quando ele usa, fica lindo! Para se apresentar no Royal Variety Performance ele usou belos sapatos pretos, smoking preto e uma camisa branca por baixo. Clássico e lindo de morrer!

Um campeão irlandês

Os garotos do 1D foram honrados com o pedido para se apresentarem na cerimônia de encerramento dos Jogos Olímpicos de Londres. O visual do Niall mais uma vez foi casual e inteligente: jeans azul-claro, com os tênis brancos que são sua marca registrada e uma camiseta branca de manga curta, exibindo o bronzeado de verão. Você acha que esse visual merece medalha de ouro?

Passeio de montanha-russa

O Niall visitou um parque de diversões nos EUA e aproveitou boa parte do dia de folga em um calor de matar. Em seu momento de descanso, ele estava com um look casual e pronto para se divertir usando uma camiseta branca de marca, bermuda cinza na altura do joelho e tênis, com óculos escuros bacanas e um boné de beisebol verde berrante.

Capa confortável

O Niall embelezou a capa da revista *Teen Vogue*, parecendo um top model, lindo e refinado. Ele estava com um elegante visual de inverno: cabelo cuidadosamente desgrenhado, um casaco de tricô verde bem grosso e um blazer marrom-claro jogado sobre os ombros. Esse é um visual que você gostaria de ver de novo ou uma vez só já chega?

— EU AMO O NIALL —

AQUELE BRINCALHÃO DO LOUIS MISTUROU OS NOMES DE TODAS AS MÚSICAS QUE A BANDA VAI TOCAR. VOCÊ PODE AJUDAR O NIALL A DESEMBARALHAR TUDO ANTES DO SHOW DE HOJE À NOITE? AS RESPOSTAS ESTÃO NA **PÁGINA 107**.

1. ISKS UYO

2. TELTIL GSIHNT

3. LELT EM A EIL

4. HSSE TNO RDFIAA

5. EVIL HEWLI REEW UGOYN

6. PU LAL GINTH

7. TEHAR KATCTA

8. NEO IHTNG

9. VERYHGNITE TOBUA UOY

10. CABK FRO UYO

11. HAWT SMEKA UYO FLABITEUU

12. UMRMSE VOLE

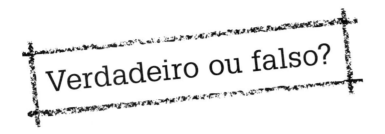

Verdadeiro ou falso?

LEIA ESTAS AFIRMAÇÕES SENSACIONAIS E MARQUE AS QUE VOCÊ ACHA VERDADEIRAS OU FALSAS. GANHA UM PONTO EXTRA SE CONSEGUIR ADIVINHAR A QUAL INTEGRANTE DA BANDA AS RESPOSTAS FALSAS SE REFEREM. NESSE CASO, ESCREVA O NOME DELE NA LINHA PONTILHADA. AS RESPOSTAS ESTÃO NA **PÁGINA 107**.

1. Uma vez o Niall raspou suas iniciais nos pelos da perna do Zayn!
☐ Verdadeiro
☐ Falso. Foi o...

2. Como presente de Natal, os amigos do Niall compraram para ele uma roupa de banho reveladora chamada "mankini".
☐ Verdadeiro
☐ Falso. Foi para o ....

3. No clipe do segundo sucesso da banda, "Gotta Be You", Niall recebe um beijo de uma linda garota no final.
☐ Verdadeiro
☐ Falso. É o ....

4. O pior hábito do Niall é peidar o tempo todo!
☐ Verdadeiro
☐ Falso. É o ....

5. Durante a etapa do boot camp do *X Factor*, o Niall cantou uma música do Oasis chamada "Champagne Supernova".
☐ Verdadeiro
☐ Falso. Foi o ....

6. O Niall tem uma tatuagem de um biscoito chamado "*iced gem*" no braço.
☐ Verdadeiro
☐ Falso. É o ....

7. Na Austrália, o Niall recebeu uma torrada coberta com a especialidade australiana Vegemite. Ele odiou tanto que cuspiu tudo ao vivo na TV!
☐ Verdadeiro
☐ Falso. Foi o ....

8. O Niall é o integrante mais velho do One Direction.
☐ Verdadeiro
☐ Falso. É o ....

EU AMO O NIALL

NÃO HÁ DÚVIDA DE QUE VOCÊ É MUITO FÃ DO NIALL, MAS QUANTO VOCÊ SABE SOBRE O SEU INTEGRANTE FAVORITO DO 1D? LEIA OS FATOS ABAIXO, MARQUE OS QUADRADOS AO LADO DOS QUE VOCÊ JÁ SABIA E DEPOIS VERIFIQUE A SUA PONTUAÇÃO DE SUPERFÃ NA **PÁGINA 76**.

☐ Os pais do Niall se separaram quando ele tinha apenas 5 anos. Ele foi morar com o pai.

☐ O Niall, o Liam e o Harry foram vítimas de uma pegadinha no canal de TV Nickelodeon. Nela, uma atriz se passando por produtora e usando uma barriga falsa de grávida fingiu estar dando à luz na frente dos garotos. O Louis e o Zayn sabiam da piada e mal conseguiram conter o riso enquanto os outros três integrantes do 1D entraram em pânico!

☐ Como presente de aniversário de 18 anos, os colegas de banda compraram para o Niall uma estátua em tamanho real do presidente dos EUA, Barack Obama, que ele guarda na varanda de casa!

☐ Quando uma banda norte-americana alegou que já se chamava One Direction, o Niall brincou que ele e os outros integrantes renomeariam o 1D como Niall and the Potatoes (Niall e os Batatas).

- ☐ O nome do meio do Niall é James.

- ☐ Uma grande amiga do Niall é a cantora do N-Dubz e juíza do *X Factor*, Tulisa Contostavlos. Quando saem juntos eles usam os apelidos Tom e Chez para confundir os fãs.

- ☐ O generoso Niall comprou um carro para a mãe com o dinheiro que ganhou com o One Direction.

- ☐ O Niall é muito fã de golfe e, além de ter organizado um torneio beneficente em seu 19º aniversário, certa vez ele se ofereceu para ser caddy (a pessoa que carrega os tacos) para o astro da Boyzone Keith Duffy.

- ☐ O Niall colocou um aparelho branco nos dentes em 2011 para aperfeiçoar seu sorriso.

- ☐ Todos os garotos do One Direction têm o desejo de trabalhar com o Bruno Mars, mas o Niall admitiu que também adoraria subir ao palco e cantar com a lenda do rock Jon Bon Jovi.

- ☐ A agenda da banda é tão movimentada que em 2011 o pobre Niall só conseguiu passar trinta dias em casa na Irlanda.

- ☐ O talentoso Niall toca violão e guitarra em sete músicas do disco *Take Me Home*.

- ☐ O Niall diz que sua ideia de primeiro encontro perfeito é levar uma menina a um parque de diversões, já que é legal e não há chance de o clima ficar esquisito.

- ☐ Quando os garotos foram chamados de volta ao palco depois da dolorosa rejeição como artistas solo, ficaram radiantes ao ouvir que seriam transformados em um grupo. E parece que o Niall já estava pensando no visual e no futuro da banda. De acordo com seus colegas, uma das primeiras coisas que ele disse quando a nova banda ficou sozinha foi: "Acho que todos nós deveríamos nos vestir como o Louis, porque eu gosto muito dos sapatos dele!"

PONTUAÇÃO DE SUPERFÃ

0-4 pontos
Você é novato em termos do Niall e ainda tem muito a aprender sobre ele. Hora de começar a estudar!

5-9 pontos
Você é fã mesmo mas ainda existe certo ar de mistério. Siga em frente e logo será um verdadeiro superfã.

10-14 pontos
Você é um Directioner dedicado! Sabe tudo sobre o 1D e é um verdadeiro especialista no Niall!

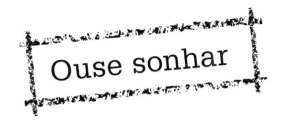

Ouse sonhar

SE O NIALL NÃO TIVESSE CORRIDO ATRÁS DO SEU SONHO, ELE NUNCA TERIA CONSEGUIDO UM LUGAR NA BOY BAND MAIS POPULAR DO PLANETA. MAS O FOFO IRLANDÊS NÃO DEIXOU A FAMA LHE SUBIR À CABEÇA. CONTINUA COM OS PÉS NO CHÃO E SE PREOCUPA PROFUNDAMENTE COM A FAMÍLIA, OS AMIGOS E OS FÃS.

Leia abaixo algumas das frases mais inspiradoras do Niall e ouse sonhar com o que você pode conquistar se quiser!

"Ainda estou em choque com a rapidez com que tudo aconteceu... E estamos muito empolgados com o que está por vir."

Qual é o seu maior sonho para o futuro?
....
....

Quais são os passos necessários para realizar esse sonho?
....
....

"Nós sempre nos lembramos da sorte que tivemos por estar nesta posição. É o que sempre sonhamos em fazer, então, cada manhã que acordamos cedo ou cada noite que dormimos tarde vale a pena."

Você acha que gostaria de ser uma pessoa famosa?

....

....

O que você acha melhor e pior em ser uma celebridade?

....

....

"É inacreditável quanto a nossa vida ficou caótica em tão pouco tempo. Eu sabia que ficaríamos atarefados, mas não imaginava que seria tanto e tão rapidamente. Mas não estamos reclamando. Apenas lembramos quanta sorte temos por estar nesta posição."

Quanto você já trabalhou para conquistar algo que desejava?

....

....

Você acha que é sorte, trabalho árduo ou um pouco dos dois que faz os sonhos virarem realidade?

....

....

> "Faz uma imensa diferença poder cantar algo que você ajudou a criar."

Você acha importante que os cantores componham as próprias músicas?

....

....

Se você fosse um compositor, qual seria a sua fonte de inspiração?

....

....

> "Já participamos de TV e, quanto mais isso acontece, sentimos que estamos nos fortalecendo como banda."

Você preferiria estar sob os holofotes como artista solo ou ter seus amigos ao redor?

....

....

Se você estivesse no lugar do Niall e fosse colocado em uma banda com quatro estranhos, como se sentiria e o que faria para conhecê-los melhor?

....

....

"Claro que o nosso dia a dia mudou, mas sinceramente não consigo imaginar um de nós ficando arrogante ou pensando que é especial. Há zoação demais entre nós para que isso aconteça!"

Se você virasse um superastro, o que faria para manter os pés no chão?

....

....

Do que você sentiria mais falta na vida cotidiana se virasse uma celebridade?

....

....

"Quero ir a todos os lugares e fazer tudo! E queremos que vocês estejam conosco ao longo do caminho."

Se você pudesse viajar para qualquer lugar do mundo, para onde iria e por quê?

....

....

"Temos os fãs mais inacreditáveis do mundo."

O que você faria pelos seus fãs para mostrar que se importa com eles?

....

....

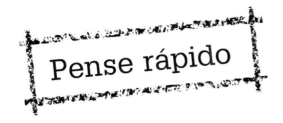

VOCÊ SABE QUE AMA O NIALL, MAS ÀS VEZES FICA NA DÚVIDA PARA DESCOBRIR DO QUE GOSTA MAIS NELE? É HORA DE PARAR DE PENSAR E COMEÇAR A RISCAR! LEIA CADA UMA DAS ESCOLHAS ABAIXO E MARQUE A OPÇÃO QUE MAIS LHE AGRADA.

Você prefere...

Os olhos do Niall?	⬌	O sorriso dele?
O jeito que ele canta?	⬌	O jeito que ele toca guitarra?
A risada maravilhosa dele?	⬌	O sotaque fofo?
O senso de humor?	⬌	O senso de estilo?
O amor que ele sente pelos fãs?	⬌	O amor que ele sente pela família?

Superfãs

COMO TODOS OS INTEGRANTES DO 1D, O NIALL É MUITO GRATO A TODOS OS FÃS PELO AMOR E PELO APOIO QUE DÃO AO GRUPO. CONTUDO, ÀS VEZES ELES FAZEM ALGUMAS LOUCURAS! LEIA AS HISTÓRIAS A SEGUIR, DECIDA SE SÃO VERDADEIRAS OU FALSAS E DEPOIS CONFIRA AS RESPOSTAS NA **PÁGINA 107**.

1. Todo mundo sabe que o Louis recebe muitas cenouras de fãs dedicados, pois disse em uma entrevista ser fã de garotas que comem cenoura, mas o Niall também tem seus fãs vegetarianos. Há um grupo de garotas que sempre aparece nos shows com batatas para ele autografar!

☐ História verdadeira   ☐ Mentira deslavada

2. Não é só o Niall que vê fãs em todos os lugares a que vai. O pai dele, Bobby, também tem contato com eles. Uma Directioner saiu do Canadá com a mãe só para ver a casa onde o Niall morou. Ela até pediu para tirar fotos do quarto dele!

☐ História verdadeira   ☐ Mentira deslavada

3. Quando os garotos estão se apresentando ao vivo, a multidão empolgada às vezes joga objetos no palco para eles. Embora o Niall faça questão de alertar quanto aos perigos dessa prática (um objeto voador pode acertar um deles e machucar muito!), ele elogiou a originalidade de uma fã que jogou um walkie-talkie no palco nos EUA e ficou com o outro para poder falar com os garotos. Genial!

☐ História verdadeira   ☐ Mentira deslavada

4. Quando estavam em Nova York, o Niall e o Liam saíram para comer, mas não contavam com a grande quantidade de fãs dedicadas que gostariam de acompanhá-los. Eles foram cercados por garotas aos gritos, e o pobre Niall admite ter ficado bem assustado!

☐ História verdadeira   ☐ Mentira deslavada

5. Uma vez o Niall abriu a porta do quarto do hotel e achou a imagem de papelão de uma garota. Havia um bilhete colado nela, explicando que aquela era a melhor forma que a menina tinha encontrado para estar perto do Niall o tempo todo. Ela completou dizendo esperar que ele levasse a versão de papelão dela a todos os lugares.

☐ História verdadeira   ☐ Mentira deslavada

6. O Niall revelou que o exemplo mais dedicado (e doido) de devoção Directioner foi quando uma fã sueca se escondeu em uma lixeira por várias horas para encontrar seus ídolos.

☐ História verdadeira   ☐ Mentira deslavada

Uma sessão de fotos incrível

IMAGINE QUE VOCÊ ENTROU EM UM CONCURSO PARA PASSAR UM TEMPO COM O ONE DIRECTION. PREENCHA AS LACUNAS DESTA HISTÓRIA DIVERTIDA PARA PERSONALIZÁ-LA. EXISTEM SUGESTÕES ENTRE PARÊNTESIS PARA AJUDAR, MAS VOCÊ TAMBÉM PODE USAR SUAS PRÓPRIAS IDEIAS. PREPARE-SE PARA BOTAR EM PRÁTICA A CRIATIVIDADE!

Já se passaram dias desde que você ouviu o anúncio no rádio sobre o concurso relacionado ao 1D, e está trabalhando desde então. O objetivo do concurso é criar um pôster do One Direction e deixá-lo exposto em frente à estação de rádio quando os meninos forem lá dar uma entrevista. Eles vão escolher os seus favoritos, e os sortudos vencedores vão participar com o One Direction da para uma revista famosa!

Você está trabalhando arduamente no seu pôster. É para o Niall, seu integrante favorito do 1D. Você faz questão de que seja muito ....
(inteligente / original / engraçado) e repleto das coisas que o Niall adora. Até agora você achou uma imagem da

bandeira irlandesa, o símbolo do ....
.... (time
de futebol / restaurante) favorito dele, além de algumas
frases engraçadas ditas pelo próprio.

Agora basta acrescentar bastante ....
.... (purpurina /
adesivos / lantejoulas) e pronto!

O pôster ficou ótimo, e você está bem feliz enquanto se
posiciona em frente à estação de rádio com outros fãs
esperançosos do 1D, todos segurando seus respectivos
pôsteres. De repente, um carro preto estaciona, e lá estão
eles! O Louis, o Liam, o Harry, o Zayn e o Niall saem do
carro um a um, e os gritos são ensurdecedores.

O Niall está lindo. Ele está usando ....
.... (uma
camiseta / uma camisa polo / um suéter) que realça
seus olhos, com jeans e um boné. Os garotos seguem para
a entrada da rádio, e você os vê sorrindo e apontando
para alguns dos pôsteres na multidão. Você grita o nome
do Niall, ele se vira e olha para você. Os olhos do cantor
brilham quando ele vê o seu pôster e você quase derrete
quando ele ....
.... (dá um sorrisinho / pisca / faz
um gesto de "joinha", com o polegar para cima).

Os garotos entram e você espera ansiosamente o anúncio
dos vencedores. Foram colocados alto-falantes do lado

de fora para que os fãs pudessem ouvir o que está acontecendo. Os garotos começam a entrevista com .... (uma piada / uma música / um jogo), e depois é hora do resultado. Harry é o primeiro, escolhendo um cartaz imenso cheio de .... (corações / brilhos / estrelas), enquanto o Louis prefere uma imagem bem realista dele com listras, que são sua marca registrada. Já o Zayn escolhe um pôster artístico em preto e branco e o Liam prefere o cartaz feito pela garota que estava ao seu lado. Você dá a ela um rápido (abraço / cumprimento, batendo com as mãos) antes de ela ser levada para se juntar aos outros vencedores. Então, é a vez do Niall. Seu coração está quase saindo pela boca quando ele começa a falar.

"Adorei o pôster colorido com ....", descreve ele.
"Quem fez tem cabelo .... (a sua cor de cabelo) e está usando uma roupa estampada com .... (bolinhas / pássaros / flores).

OMG! Ele está falando de você! Você dá um passo à frente, e alguém o leva para uma limusine preta reluzente. Você vai ser levado a um local secreto para uma transformação glamourosa antes da sessão de fotos com os garotos. A

limusine é superbacana, tem janelas escuras e uma caixa de ....
.... (doces / maquiagem / DVDs) para você e os outros vencedores, que são muito legais. Você nem acredita no dia que terá pela frente, e durante a viagem vocês se divertem muito ....
.... (se conhecendo / cantando músicas do One Direction / falando sobre seus favoritos do 1D).

O carro estaciona em frente a um salão chique, e todos descem da limusine e são recebidos por uma equipe de cabeleireiros e maquiadores. As próximas duas horas passam voando, mas são incrivelmente divertidas!

Primeiro, dão uma geral no seu cabelo. Você prefere que .....
....
.... (pintem / alisem / façam um penteado) e adora o visual bacana, que fica lindo quando terminado. Depois é hora de ir à seção das manicures.

Por fim, um estilista mostra uma série de roupas maravilhosas, e, juntos, vocês escolhem um visual para o ensaio. Você acha que o estilo ....
.... (certinho / relax / boêmio) seria divertido, e o estilista ajuda você a escolher ...
....
.... (um vestido / uma calça jeans / uma camiseta) e um(a) belo(a) ....
.... (colar / tiara / bracelete)

Pronto! Com frio na barriga, você entra no elevador com os outros vencedores, que estão todos arrumados, e aperta o botão da cobertura onde vai ser feito o ensaio fotográfico. Seu coração está acelerado, e quando a porta se abre você está totalmente ....
.... (empolgado / feliz / nervoso).

Os garotos estão sentados em sofás e pufes, e da cobertura se tem uma vista incrível da cidade. Niall diz:

— Oi, ...
.... (adorei seu visual / seu pôster estava ótimo / que prazer te conhecer). Você se senta no sofá com ele e começa a bater papo, enquanto o fotógrafo dispara os cliques. O Niall é tão incrível quanto você imaginava, e logo parece que você o conhece há séculos.

Os outros também parecem estar se divertindo muito.

O Louis está ....
.... (contando piadas / fazendo uma dancinha boba / fazendo imitações) e divertindo todo mundo. Quando o Zayn sugere um jogo de Twister, a competição rola solta! Você não quer que o dia termine.

Quando o sol finalmente se põe, o Niall ....
.... (te dá um abraço / te dá um beijo no rosto / faz um carinho na sua mão), e os outros garotos do 1D se despedem. Você parece estar andando nas nuvens. Foi um dia sensacional!

Um mês depois, a nova edição da revista *Fab!* chega às bancas, e lá está você, sorridente, ao lado do Niall! As fotos estão sensacionais, mas são as lembranças daquele dia que você vai guardar para sempre.

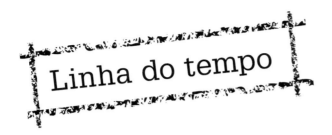

O NIALL TEVE UMA ASCENSÃO METEÓRICA AO ESTRELATO. VOCÊ ACOMPANHOU TODO O PROCESSO? VEJA ALGUNS DOS PRINCIPAIS MOMENTOS DA VIDA DO INTEGRANTE DO 1D E PREENCHA AS LACUNAS COM AS PALAVRAS E DATAS DA **PÁGINA 95**. DEPOIS CONFIRA SUAS RESPOSTAS NA **PÁGINA 108**.

.... (1): Nasce Niall James Horan.

2003: O Niall sente o primeiro gostinho da emoção de estar no palco ao interpretar o papel principal em uma montagem de .... (2) feita na escola.

2009: O Niall se apresenta em um concurso de talentos local chamado *Stars in Their Eyes*, cantando .... (3), do Jason Mraz. Ele se sai muito bem e aparece no jornal.

Maio de 2010: O Niall cria coragem para participar das audições para o *X Factor*, cantando "So Sick", do Ne-Yo, para

Simon Cowell, Louis Walsh, Cheryl Cole e o(a) jurado(a) convidado(a) .... (4).

Setembro de 2010: Os jurados decidem formar o One Direction com cantores que se inscreveram originalmente como artistas solo, e os garotos vão até a casa do Simon Cowell em .... (5), na Espanha, para a última rodada de audições.

Outubro de 2010: O Niall encontra seu ídolo musical .... (6) durante o *X Factor*. Depois, o Niall disse: "Ele é um gênio absoluto e, quando soube que eu era um grande fã, veio falar comigo e se apresentar. Eu quase tive um treco!"

.... (7): O One Direction se apresenta na final do *X Factor* e fica em terceiro lugar no programa, atrás de Matt Cardle e Rebecca Ferguson. O Niall ficou arrasado por ter saído, mas Simon Cowell anunciou que o *X Factor* era "só o começo para estes garotos".

Março de 2011: O Niall posa orgulhosamente com o restante da banda no lançamento do primeiro livro, *One Direction: Forever Young*, que chega ao topo da lista dos mais vendidos.

Agosto de 2011: O single de estreia do One Direction, ... (8), toca pela primeira vez na BBC Radio 1.

Setembro de 2011: O single de estreia chega ao primeiro lugar no Top 40 do Reino Unido e passa .... (9) semanas consecutivas nas paradas.

Outubro de 2011: O Niall e a banda gravam o vídeo para o segundo single em .... (10), Nova York, e o Niall aparece tocando guitarra em algumas cenas.

.... (11): O One Direction ganha o prêmio de Melhor Single Britânico nos Brit Awards com o primeiro single, "What Makes You Beautiful". "Muito obrigado a todos que votaram em nós", agradeceu o Niall emocionado ao receber o prêmio com os outros garotos. "Nossos fãs são absolutamente incríveis. Este é para vocês", dedicou ele, segurando com orgulho o troféu em formato de astronauta.

Março de 2012: O One Direction se torna o primeiro grupo britânico a ir direto para o primeiro lugar na parada Billboard 200 dos EUA com o disco .... (12).

Abril de 2012: O One Direction chega a .... (13) para uma miniturnê pela Austrália e pela Nova Zelândia.

Maio de 2012: "What Makes You Beautiful" ganha disco de platina duplo nos EUA. Os garotos comemoram o fato de ser uma das boy bands britânicas a fazer maior sucesso e estourar em território norte-americano.

Agosto de 2012: O Niall e os garotos do One Direction têm a honra de se apresentar na cerimônia de encerramento dos Jogos Olímpicos, em .... (14)

Agosto de 2012: O One Direction anuncia que o segundo disco deles vai se chamar .... (15).

Setembro de 2012: O Niall e os garotos do 1D gravam um comercial de TV para o popular refrigerante .... (16) em Nova Orleans junto com o astro do futebol americano Drew Brees. No comercial, o Niall diz a Drew que ele pode entrar para a banda se entregar a lata de refrigerante!

Setembro de 2012: O One Direction triunfa no MTV Video Music Awards em Los Angeles, ganhando três prêmios. Eles derrotam artistas consagrados, incluindo o amigo .... (17), ganhando os prêmios de Melhor Clipe Pop, Melhor Artista Novo e Melhor Clipe para Compartilhar. Niall fica particularmente fascinado quando recebe o prêmio das mãos de Katy Perry junto com um selinho!

Novembro de 2012: Niall compra o antigo apartamento do cantor do JLS .... (18), em Londres.

Novembro de 2012: O One Direction fica nas paradas em dose dupla no Reino Unido, com o disco *Take Me Home* e o single .... (19) chegando ao primeiro lugar.

Janeiro de 2013: O One Direction ganha dois prêmios no People's Choice Awards em Los Angeles, faturando tanto o de Música Favorita quanto o de...
.... (20).

Janeiro de 2013: O Niall é o terceiro integrante da banda a tirar a carteira de motorista.

Fevereiro de 2013: O One Direction começa uma turnê mundial.

.... (21): Um filme em 3D estrelado pela banda, dirigido pelo cineasta norte-americano Morgan Spurlock, é lançado mundialmente. O Niall mostra suas habilidades como cineasta trabalhando atrás das câmeras durante as filmagens.

Palavras que Faltam

Pepsi	Álbum Favorito
Oliver!	Fevereiro de 2012
Agosto de 2013	Agosto de 2012
Londres	"I'm Yours"
Marvin Humes	Michael Bublé
Justin Bieber	Katy Perry
13 de setembro de 1993	"Little Things"
Sydney	"What Makes You Beautiful"
Marbella	Dezembro de 2010
Take Me Home	"Up All Night"
19	Lake Placid

EU AMO O NIALL

Qual é o seu estilo preferido do Niall?

EU AMO O NIALL

O que te anima quando você está para baixo?

- Sair para se divertir ao ar livre. → **O lado esportista do Niall**
  Você tem energia de sobra e está sempre saudável, em forma e pronto para a ação. Como o Niall, você é fã de vários esportes e adora a sensação de fazer parte de uma equipe.

- Carinho, pura e simplesmente. → **O lado fofo do Niall**
  Você é uma gracinha. Gentil e carinhoso, às vezes bate a timidez em situações novas. Como o Niall, você é totalmente adorável, e todos que te conhecem te adoram.

Com quem você gostaria de passar o domingo?

- Sua família. Você fica feliz quando está cercado das pessoas que ama. → **O lado fofo do Niall**

- Seus BFFs. Você adora ficar com eles para fofocar e dar risadas. → **O lado divertido do Niall**
  Certamente, rolam risadas quando você está por perto. Seu sorriso largo e sua risada extrovertida são contagiantes como os do Niall, e você vai fazer tudo para garantir que todos ao seu redor estejam se divertindo.

Qual seria o emprego dos seus sonhos?

- Em um lugar no qual você compartilhe o interesse das pessoas e se divirta muito. → **O lado divertido do Niall**

- Em algum lugar onde você possa mostrar seus talentos. → **O lado superastro do Niall**
  Com determinação e talento, você sempre tenta ser o melhor em tudo o que faz. Como o Niall, você é perfeccionista e sempre faz o melhor que pode.

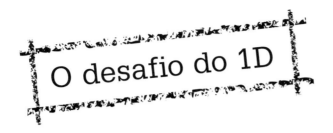

O desafio do 1D

JUNTE ALGUNS AMIGOS E UM DADO E PREPARE-SE PARA COMEÇAR ESTE JOGO DO ONE DIRECTION. COM CERTEZA, TODOS OS JOGADORES VÃO ROLAR DE RIR. VEJA QUAIS SÃO AS REGRAS:

1. Cada jogador deve escolher dois números entre 1 e 6 e escrever o próprio nome ao lado desses números na primeira tabela da **página 99**.

2. Decida quem vai começar. Essa pessoa joga o dado. O número que sair representa o jogador que deverá aceitar o desafio.

3. A pessoa escolhida joga o dado. Use o número que ela escolheu e associe à música listada na segunda tabela.

4. O jogador joga o dado de novo, e o número que sair será associado à terceira tabela. Faça o mesmo para a quarta tabela.

5. Agora o jogador vai ter que cantar a música da tabela 2 no estilo da tabela 3 e com os extras da tabela 4! Por exemplo, se a pessoa tirou um dois, depois um quatro e em seguida um três, ela vai ter que cantar "One Thing" em um tom bem agudo e de pijama!

1   NOMES DOS JOGADORES

1. _____
2. _____
3. _____
4. _____
5. _____
6. _____

2   TÍTULOS DAS MÚSICAS

1. "Kiss You"
2. "One Thing"
3. "Little Things"
4. "Gotta Be You"
5. "More Than This"
6. "Back For You"

3   ESTILO DE CANTO

1. De trás para a frente
2. Em rotação lenta
3. Com mímica
4. Em tom bem agudo
5. Com sotaque americano
6. Sussurrando

4   EXTRAS

1. Sem rir
2. Dançando e pulando
3. Vestindo pijama
4. Com a boca cheia
5. Pulando em um pé só
6. Fingindo ser um sapo

SER UM SUPERASTRO GLOBAL SIGNIFICA QUE VOCÊ ESTÁ SEMPRE SOB O OLHAR ATENTO DO PÚBLICO E DOS MEIOS DE COMUNICAÇÃO. LEIA AS MANCHETES A SEGUIR E DECIDA SE ELAS SÃO BASEADAS EM FATOS OU SE NÃO PASSAM DE BOATOS. VEJA AS RESPOSTAS NA **PÁGINA 108**.

"TATUAGEM INACREDITÁVEL!"

Ele pode ter sido o último dos rapazes a entrar no bonde dos tatuados, mas parece que o Niall também se rendeu às agulhas. Mas os fãs não vão conseguir ver a arte no corpo do gatinho irlandês, pois o Niall escolheu tatuar um trevo no bumbum! Ai!

☐ Notícia verdadeira   ☐ Mentira deslavada

"BATIDINHA"

Os fãs do mundo inteiro ficaram preocupados quando souberam que os garotos do 1D sofreram um acidente de carro. Um veículo bateu na traseira do ônibus da turnê depois de um show em Birmingham, no Reino Unido. Ainda bem que nenhum dos garotos se machucou, e o Niall até fez piada com o assunto naquela mesma noite.

☐ Notícia verdadeira   ☐ Mentira deslavada

"ELE NÃO É UM FRANGUINHO"

O amor do Niall por comida o levou a diversificar a carreira. Além de continuar sua jornada de superastro com o One Direction, ele vai abrir um restaurante! O local vai se especializar em frango picante e pizzas deliciosas, que os garotos do 1D adoram. Ele está planejando batizar o restaurante de Nialldo's — um nome que tem tudo para pegar!

☐ Notícia verdadeira   ☐ Mentira deslavada

"PEIXE GORDO"

Parece que o Niall tenta dividir o seu amor por comida com todos ao seu redor, até os animais de estimação! Infelizmente, os dois peixes dele, Tom e Jerry, não tinham o mesmo apetite do Niall e morreram por excesso de alimentação, que triste. E que fiasco fedido!

☐ Notícia verdadeira   ☐ Mentira deslavada

"SAPATO ENSOPADO"

Durante as filmagens do clipe de "Live While We're Young", a estilista do Niall provavelmente queria esganá-lo! Ele foi avisado no início das filmagens de que havia apenas um par de sapatos disponível, por isso ele precisava tratá-los com muito cuidado. Pular em uma imensa piscina de plástico totalmente vestido não era exatamente o que ela tinha em mente...

☐ Notícia verdadeira   ☐ Mentira deslavada

MENTIRA!

Ordem! Ordem!

CLASSIFIQUE ESTAS DEZ COISAS SOBRE O NIALL EM ORDEM DO QUE É MAIS IMPORTANTE PARA VOCÊ COMO FÃ (1) AO QUE É MENOS IMPORTANTE (10). POR QUE NÃO PEDIR A UM AMIGO PARA FAZER O MESMO E COMPARAR AS SUAS LISTAS?

O amor dele por esportes

Seu apetite incrível

O solo dele em "Kiss You"

Os doces tuítes dele

Seu talento para imitações

Os olhos azuis

O amor pelos fãs

O visual dele no clipe de "Gotta Be You"

O pulo no palco que é sua marca registrada

Sua atitude humilde

Avalie!

1. ....
2. ....
3. ....
4. ....
5. ....

6. ....
7. ....
8. ....
9. ....
10. ....

Forever Young
Páginas 18 a 20

1. b
2. a
3. c
4. b
5. a
6. b
7. b
8. c
9. c
10. a

Mico!
Páginas 24-25

1. Mico de verdade
2. Mico de verdade
3. Fracasso falso
4. Mico de verdade
5. Fracasso falso
6. Mico de verdade
7. Fracasso falso

Qual foi a pergunta?
Páginas 26-27

1. C
2. F
3. I
4. K
5. H
6. B
7. A

Todas as direções!
Páginas 28-29

Favoritos fabulosos
Páginas 33 a 35

1. b 4. a 7. b 10. b
2. c 5. a 8. c 11. c
3. b 6. c 9. a 12. b

Jogo de adivinhação
Páginas 52 a 55

1. Harry Styles
2. Aprender a dirigir
3. Os olhos dele
4. Liam Payne
5. Cher Lloyd
6. Uma fã jogar um aparelho de telefone no palco
7. Katy Perry
8. A idade permitida para beber nos EUA
9. Azeitonas
10. Louis Walsh
11. Dia dos Namorados

Embaralhadas!
Páginas 70-71

1. "Kiss You"
2. "Little Things"
3. "Tell Me a Lie"
4. "She's Not Afraid"
5. "Live While We're Young"
6. "Up All Night"
7. "Heart Attack"
8. "One Thing"
9. "Everything About You"
10. "Back for You"
11. "What Makes You Beautiful"
12. "Summer Love"

Verdadeiro ou falso?
Páginas 72-73

1. Falso - Foi o Harry.
2. Verdadeiro
3. Falso - É o Zayn.
4. Verdadeiro
5. Verdadeiro
6. Falso - É o Harry.
7. Verdadeiro
8. Falso - É o Louis.

Superfãs
Páginas 82-83

1. Mentira deslavada
2. História verdadeira
3. História verdadeira
4. História verdadeira
5. Mentira deslavada
6. História verdadeira

Linha do tempo
Páginas 90 a 95

1. 13 de setembro de 1993
2. **Oliver!**
3. "I'm Yours"
4. Katy Perry
5. Marbella
6. Michael Bublé
7. Dezembro de 2010
8. "What Makes You Beautiful"
9. 19
10. Lake Placid
11. Fevereiro de 2012
12. "Up All Night"
13. Sydney
14. Londres
15. "Take Me Home"
16. Pepsi
17. Justin Bieber
18. Marvin Humes
19. "Little Things"
20. Álbum Favorito
21. Agosto de 2013

Manchetes!
Páginas 100-101

"TATUAGEM INACREDITÁVEL!" — Mentira deslavada

"BATIDINHA" — Notícia verdadeira

"ELE NÃO É UM FRANGUINHO" — Mentira deslavada

"PEIXE GORDO" — Notícia verdadeira

"SAPATO ENSOPADO" — Notícia verdadeira

Jogo dos Erros
Na seção de fotos
1. A manga do Niall mudou de cor.
2. Está faltando um botão na jaqueta do Zayn.
3. Está faltando um bolso na jaqueta do Zayn.
4. O Liam está com sapatos dourados.
5. O Liam está arrasando com um relógio verde-berrante.
6. O Harry está com lenço vermelho.
7. O pobre do Harry perdeu o relógio na imagem de baixo.
8. O Louis tem uma manga mais comprida na imagem de baixo.